Impressum
Verlag: BABADADA GmbH, Nedderfeld 112 , 22529 Hamburg
Geschäftsführer / Verlagsleitung: Harald Hof
Druck: Books on Demand GmbH, In de Tarpen 42, 22848 Norderstedt

Imprint
Publisher: BABADADA GmbH, Nedderfeld 112 , 22529 Hamburg, Germany
Managing Director / Publishing direction: Harald Hof
Print: Books on Demand GmbH, In de Tarpen 42, 22848 Norderstedt

die Schule
koulu

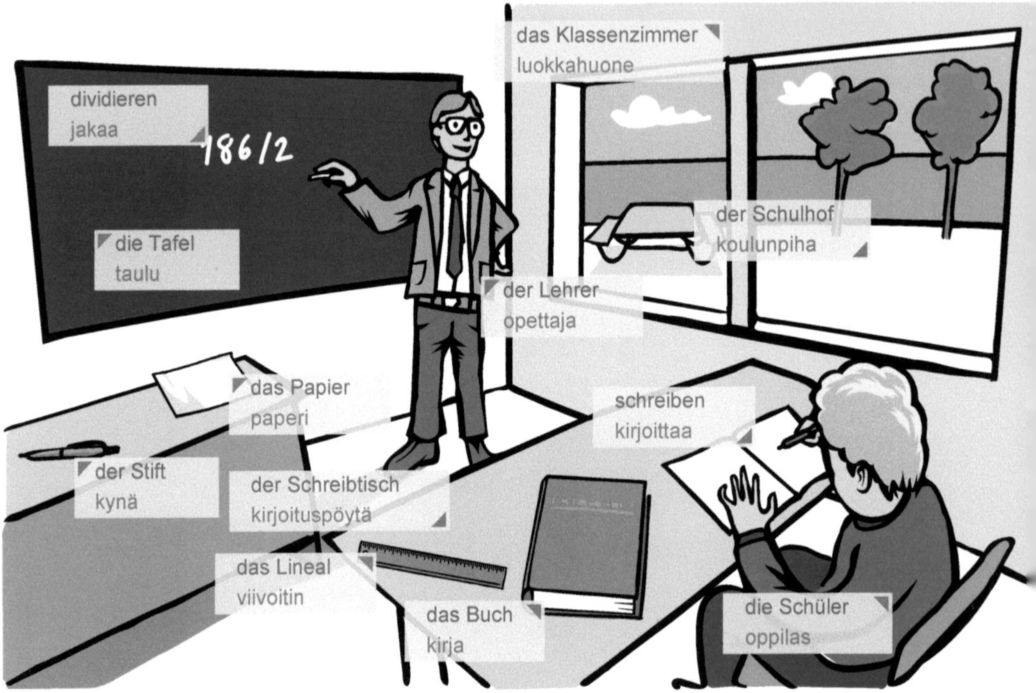

das Klassenzimmer
luokkahuone
dividieren
jakaa
186/2
die Tafel
taulu
der Schulhof
koulunpiha
der Lehrer
opettaja
das Papier
paperi
schreiben
kirjoittaa
der Stift
kynä
der Schreibtisch
kirjoituspöytä
das Lineal
viivoitin
das Buch
kirja
die Schüler
oppilas

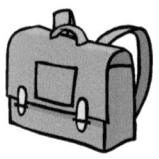

die Schultasche

reppu

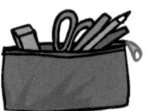

die Federmappe

penaali

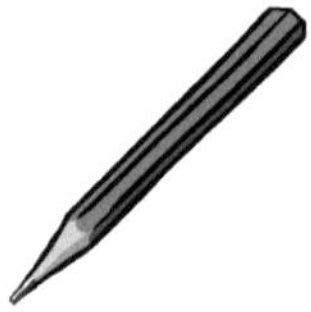

der Bleistift

lyijykynä

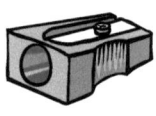

der Bleistiftspitzer

kynänteroitin

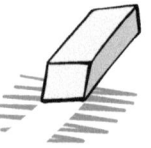

der Radierer

pyyhekumi

der Zeichenblock

piirustuslehtiö

die Zeichnung

piirustus

der Pinsel

pensseli

der Malkasten

vesivärit

die Schere

sakset

der Klebstoff

liima

das Übungsheft

harjoituskirja

die Hausübung

kotitehtävä

die Zahl

luku

addieren

lisätä

subtrahieren

vähentää

multiplizieren

kertoa

rechnen

laskea

der Buchstabe

kirjain

das Alphabet

aakkoset

das Wort

sana

der Text

teksti

lesen

lukea

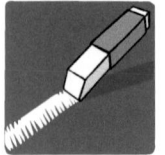

die Kreide

liitu

die Unterrichtsstunde

oppitunti

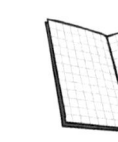

das Klassenbuch

opettajan muistikirja

die Prüfung

koe

das Zeugnis

todistus

die Schuluniform

koulupuku

die Ausbildung

koulutus

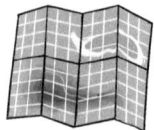

das Lexikon

sanakirja

die Universität

yliopisto

das Mikroskop

mikroskooppi

die Karte

kartta

der Papierkorb

roskakori

die Reise
matka

das Hotel
hotelli
Grand
die Jugendherberge
retkeilymaja
ROOMS
die Wechselstube
rahanvaihto
€CHANGE
der Koffer
matkalaukku
das Auto
auto

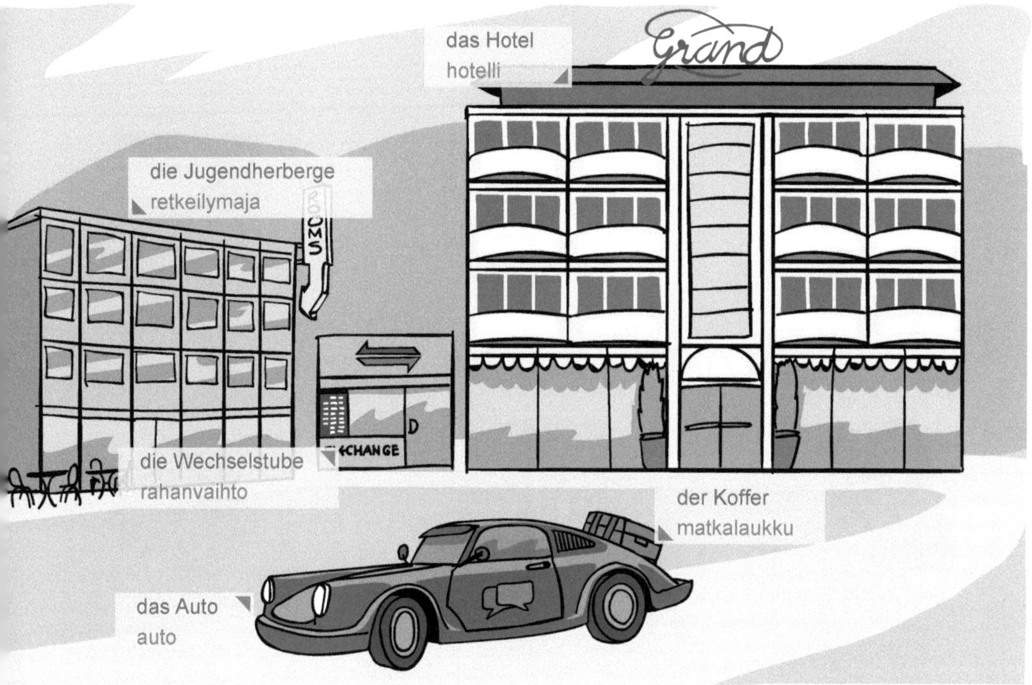

die Sprache
kieli

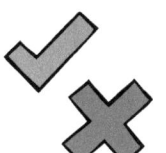

ja / nein
kyllä / ei

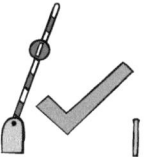

Okay
selvä

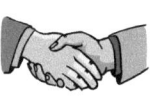

Hallo
hei

die Dolmetscherin
tulkki

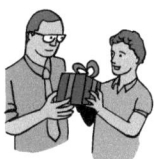

Danke
kiitos

Wie viel kostet ...?

Paljonko...maksaa?

Ich verstehe nicht.

en ymmärrä

das Problem

ongelma

Guten Abend!

Hyvää iltaa!

Guten Morgen!

Hyvää huomenta!

Gute Nacht!

Hyvää yötä!

Auf Wiederschaun!

näkemiin

die Richtung

suunta

das Gepäck

matkatavarat

die Tasche

laukku

der Rucksack

reppu

der Gast

vieras

das Zimmer

huone

der Schlafsack

makuupussi

das Zelt

teltta

die Touristeninformation

turisti-info

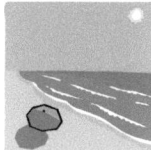

der Strand

ranta

die Kreditkarte

luottokortti

das Frühstück

aamupala

das Mittagessen

lounas

das Abendessen

päivällinen

die Fahrkarte

matkalippu

der Lift

hissi

die Briefmarke

postimerkki

die Grenze

raja

der Zoll

tulli

die Botschaft

suurlähetystö

das Visum

viisumi

der Pass

passi

der Transport
kuljetus

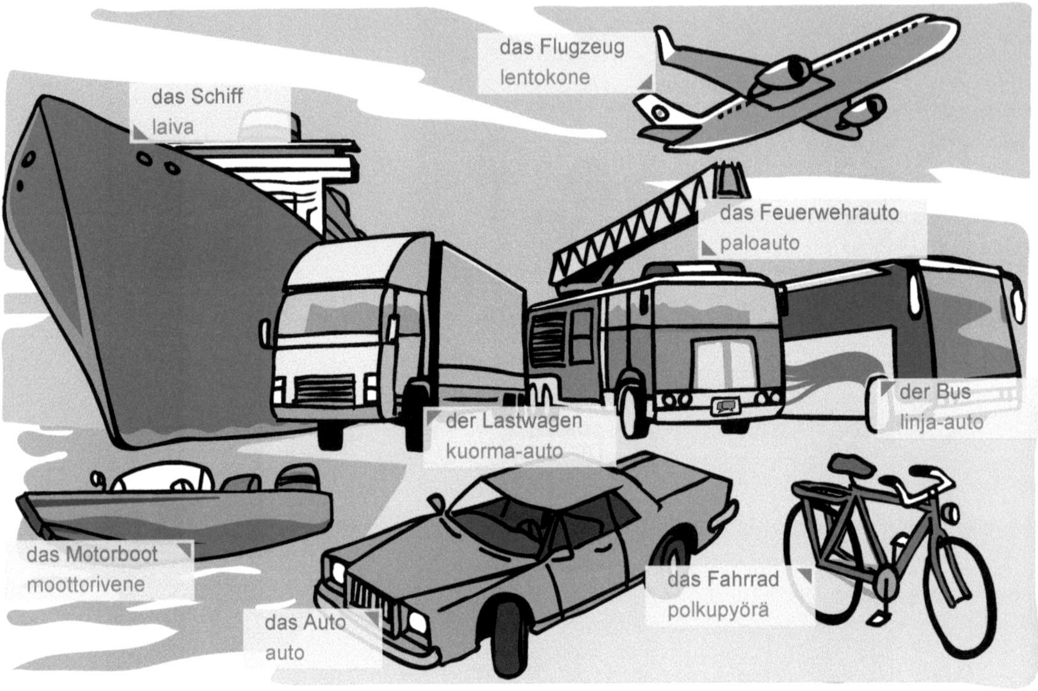
das Flugzeug
lentokone
das Schiff
laiva
das Feuerwehrauto
paloauto
der Bus
linja-auto
der Lastwagen
kuorma-auto
das Motorboot
moottorivene
das Fahrrad
polkupyörä
das Auto
auto

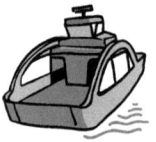

die Fähre

lautta

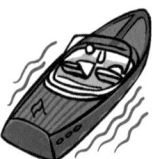

das Boot

vene

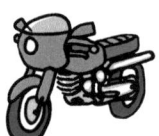

das Motorrad

moottoripyörä

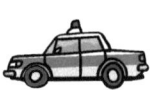

das Polizeiauto

poliisiauto

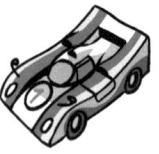

das Rennauto

kilpa-auto

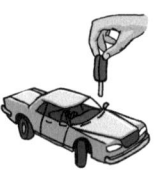

der Mietwagen

vuokra-auto

das Carsharing

car sharing

der Abschleppwagen

hinausauto

der Müllwagen

roska-auto

der Motor

moottori

der Kraftstoff

polttoaine

die Tankstelle

huoltoasema

das Verkehrsschild

liikennemerkki

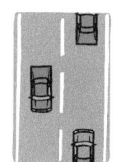

der Verkehr

liikenne

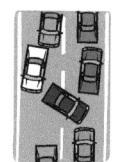

der Stau

ruuhka

der Parkplatz

parkkipaikka

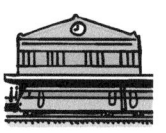

der Bahnhof

rautatieasema

die Schienen

raiteet

der Zug

juna

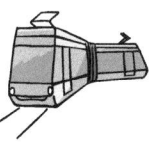

die Straßenbahn

raitiovaunu

der Wagon

vaunu

der Hubschrauber

helikopteri

der Flughafen

lentokenttä

der Tower

lähilennonjohto

der Passagier

matkustaja

der Container

kontti

der Karton

pahvilaatikko

der Rollwagen

kärryt

der Korb

kori

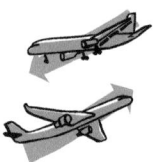

starten / landen

nousta / laskea

die Stadt
kaupunki

das Dorf

kylä

das Stadtzentrum

keskusta

das Haus

talo

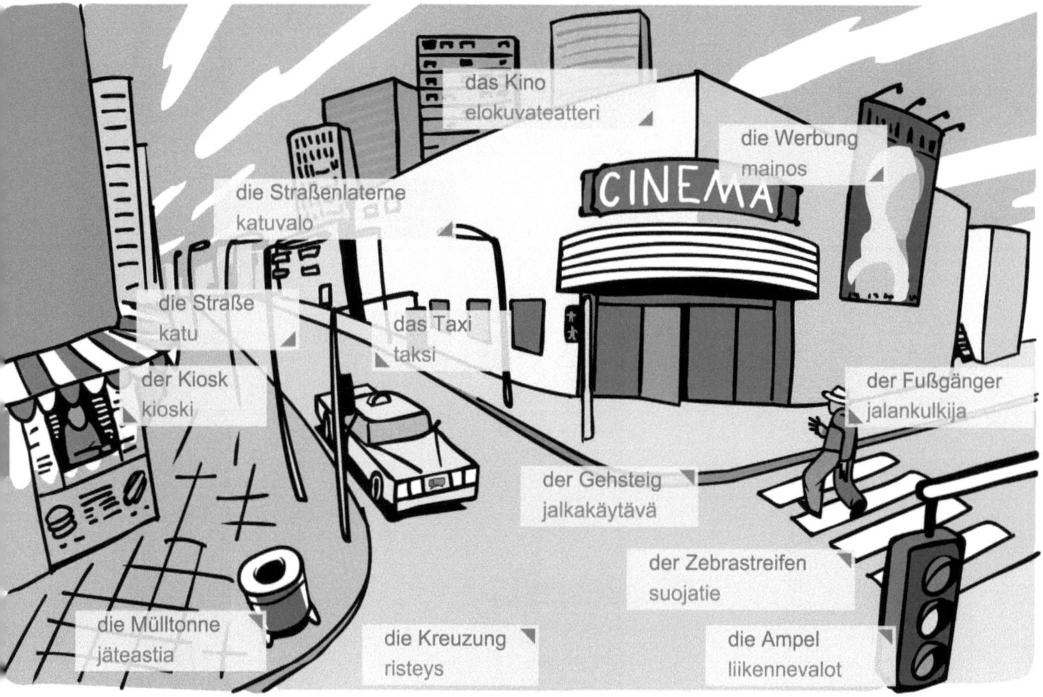

das Kino
elokuvateatteri
die Werbung
mainos
CINEMA
die Straßenlaterne
katuvalo
die Straße
katu
das Taxi
taksi
der Kiosk
kioski
der Fußgänger
jalankulkija
der Gehsteig
jalkakäytävä
der Zebrastreifen
suojatie
die Mülltonne
jäteastia
die Kreuzung
risteys
die Ampel
liikennevalot

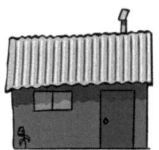

die Hütte

mökki

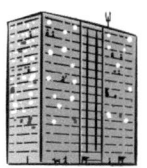

die Wohnung

kerrostalo

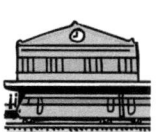

der Bahnhof

rautatieasema

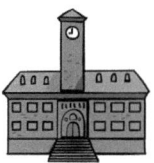

das Rathaus

kaupungintalo

MUSEUM

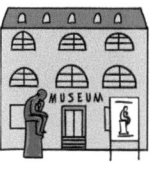

das Museum

museo

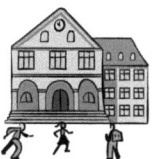

die Schule

koulu

die Universität
yliopisto

die Bank
pankki

das Spital
sairaala

das Hotel
hotelli

die Apotheke
apteekki

das Büro
toimisto

die Buchhandlung
kirjakauppa

das Geschäft
liike

der Blumenladen
kukkakauppa

der Supermarkt
supermarketti

der Markt
tori

das Kaufhaus
tavaratalo

der Fischhändler
kalakauppias

das Einkaufszentrum
ostoskeskus

der Hafen
satama

der Park
puisto

die Bank
penkki

die Brücke
silta

die Stiege
portaat

die U-Bahn
metro

der Tunnel
tunneli

die Bushaltestelle
linja-autopysäkki

die Bar
baari

das Restaurant
ravintola

der Briefkasten
postilaatikko

das Straßenschild
katukyltti

die Parkuhr
parkkimittari

der Zoo
eläintarha

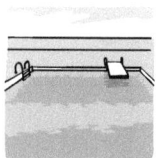

die Badeanstalt
uimala

die Moschee
moskeija

der Bauernhof

maatila

die Umweltverschmutzung

ympäristön saastuminen

der Friedhof

hautausmaa

die Kirche

kirkko

der Spielplatz

leikkikenttä

der Tempel

temppeli

die Landschaft

maisema

das Blatt
lehti

der Wegweiser
tienviitta

der Weg
tie

die Wiese
niitty

der Stein
kivi

der Baum
puu

der Wanderer
retkeilijä

der Fluss
joki

das Gras
ruoho

die Blume
kukka

das Tal

laakso

der Hügel

vuori

der See

järvi

der Wald

metsä

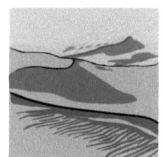

die Wüste

aavikko

der Vulkan

tulivuori

das Schloss

linna

der Regenbogen

sateenkaari

der Pilz

sieni

die Palme

palmu

der Moskito

hyttynen

die Fliege

kärpänen

die Ameise

muurahainen

die Biene

mehiläinen

die Spinne

hämähäkki

der Käfer

kovakuoriainen

der Frosch

sammakko

das Eichhörnchen

orava

der Igel

siili

der Hase

jänis

die Eule

pöllö

die Vogel

lintu

der Schwan

joutsen

das Wildschwein

villisika

der Hirsch

peura

der Elch

hirvi

der Staudamm

pato

das Windrad

tuulimylly

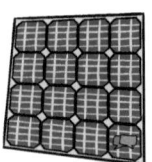

das Solarmodul

aurinkopaneeli

das Klima

ilmasto

das Restaurant
ravintola

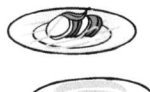

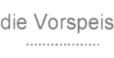

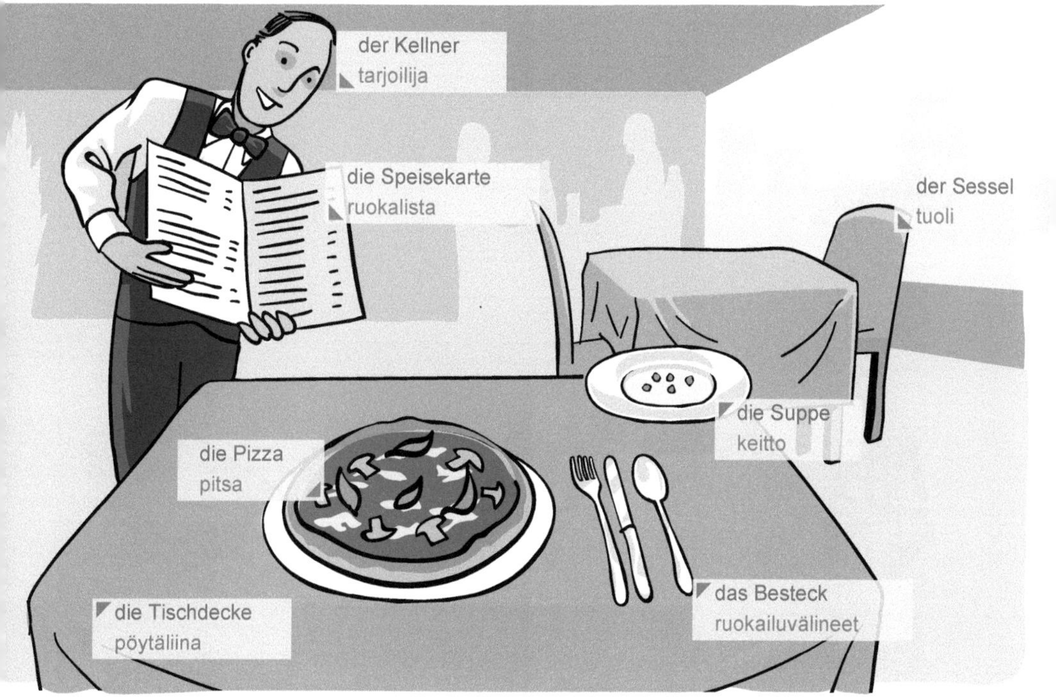
der Kellner
tarjoilija
die Speisekarte
ruokalista
der Sessel
tuoli
die Suppe
keitto
die Pizza
pitsa
das Besteck
ruokailuvälineet
die Tischdecke
pöytäliina

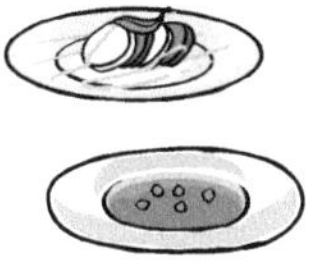

die Vorspeise

alkuruoka

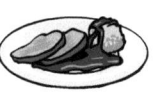

das Hauptgericht

pääruoka

die Nachspeise

jälkiruoka

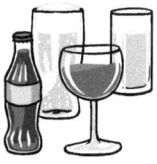

die Getränke

juomat

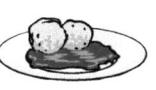

das Essen

ruoka

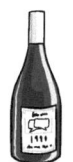

die Flasche

pullo

das Fastfood

pikaruoka

das Streetfood

katuruoka

die Teekanne

teekannu

die Zuckerdose

sokeriastia

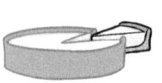

die Portion

annos

die Espressomaschine

espressokeitin

der Kinderstuhl

syöttötuoli

die Rechnung

lasku

das Tablett

tarjotin

das Messer

veitsi

die Gabel

haarukka

der Löffel

lusikka

der Teelöffel

teelusikka

die Serviette

servietti

das Glas

lasi

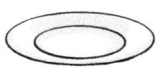

der Teller

lautanen

der Suppenteller

syvä lautanen

die Untertasse

aluslautanen

die Sauce

kastike

der Salzstreuer

suolasirotin

die Pfeffermühle

pippurimylly

der Essig

etikka

das Öl

öljy

die Gewürze

mausteet

das Ketchup

ketsuppi

der Senf

sinappi

die Mayonnaise

majoneesi

der Supermarkt
supermarketti

das Angebot
tarjous
FOR
der Kunde
asiakas
die Milchprodukte
maitotuotteet
das Obst
hedelmät
der Einkaufswagen
ostoskärryt

BUTCHERS

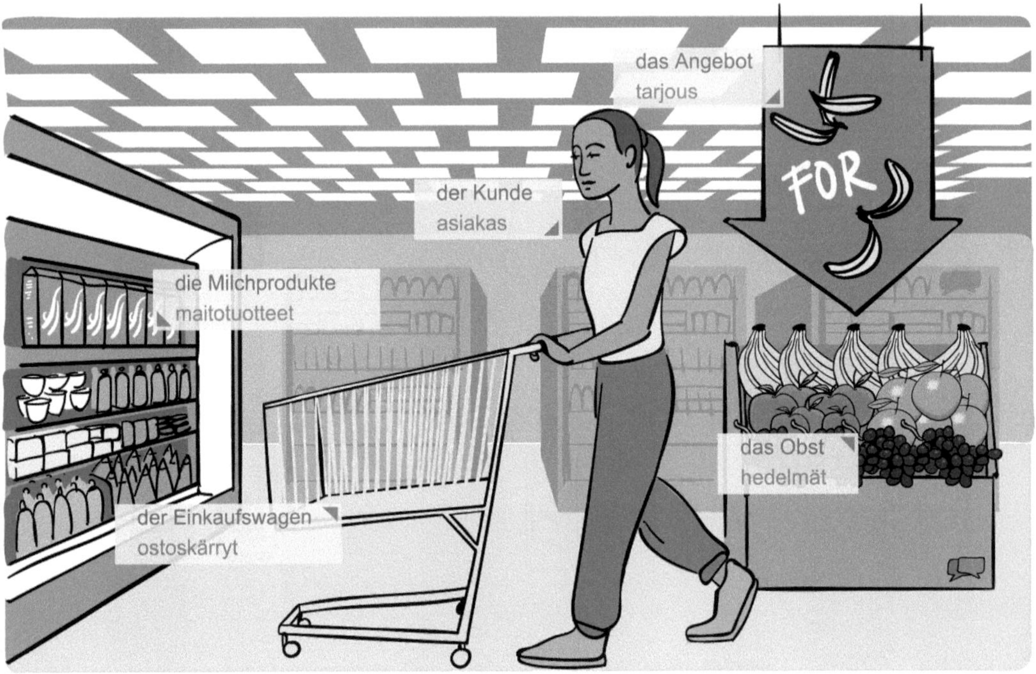

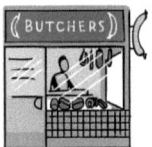

die Schlachterei

teurastamo

BAKERY

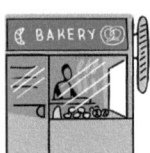

die Bäckerei

leipomo

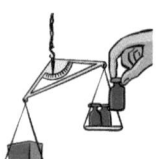

wiegen

punnita

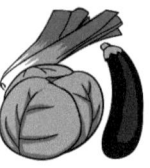

das Gemüse

kasvikset

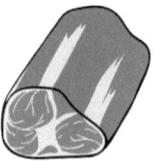

das Fleisch

liha

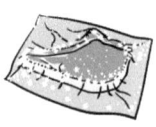

die Tiefkühlkost

pakasteet

der Aufschnitt
leikkele

die Konserven
säilykkeet

das Waschmittel
pesujauhe

die Süßigkeiten
makeiset

die Haushaltsartikel
kotitaloustarvikkeet

das Reinigungsmittel
puhdistusaineet

die Verkäuferin
myyjä

die Kassa
kassa

die Kassiererin
kassanhoitaja

die Einkaufsliste
ostoslista

die Öffnungszeiten
aukioloajat

die Brieftasche
lompakko

die Kreditkarte
luottokortti

die Tasche
kassi

die Plastiktüte
muovipussi

die Getränke

juomat

das Wasser

vesi

der Saft

mehu

die Milch

maito

die Cola

kokis

der Wein

viini

das Bier

olut

der Alkohol

alkoholi

der Kakao

kaakao

der Tee

tee

der Kaffee

kahvi

der Espresso

espresso

der Cappuccino

cappuccino

die Banane

banaani

der Apfel

omena

die Orange

appelsiini

die Melone

meloni

die Zitrone

sitruuna

die Karotte

porkkana

der Knoblauch

valkosipuli

der Bambus

bambu

die Zwiebel

sipuli

der Pilz

sieni

die Nüsse

pähkinät

die Nudeln

spagetti

die Spaghetti

spagetti

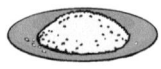

der Reis

riisi

der Salat

salaatti

die Pommes frites

ranskalaiset

die Bratkartoffeln

paistetut perunat

die Pizza

pitsa

der Hamburger

hampurilainen

das Sandwich

voileipä

das Schnitzel

leike

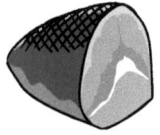

der Schinken

kinkku

die Salami

salami

die Wurst

makkara

das Huhn

kana

der Braten

paisti

der Fisch

kala

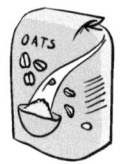

die Haferflocken

kaurahiutaleet

das Müsli

mysli

die Cornflakes

murot

das Mehl

jauho

das Croissant

voisarvi

die Semmel

sämpylä

das Brot

leipä

der Toast

paahtoleipä

die Kekse

keksit

die Butter

voi

der Topfen

rahka

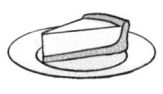

der Kuchen

kakku

das Ei

kananmuna

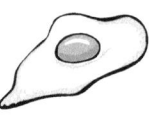

das Spiegelei

paistettu kananmuna

der Käse

juusto

die Eiscreme

jäätelö

der Zucker

sokeri

der Honig

hunaja

die Marmelade

hillo

der Schokoladenaufstrich

suklaapähkinälevite

das Curry

curry

der Bauernhof
maatila

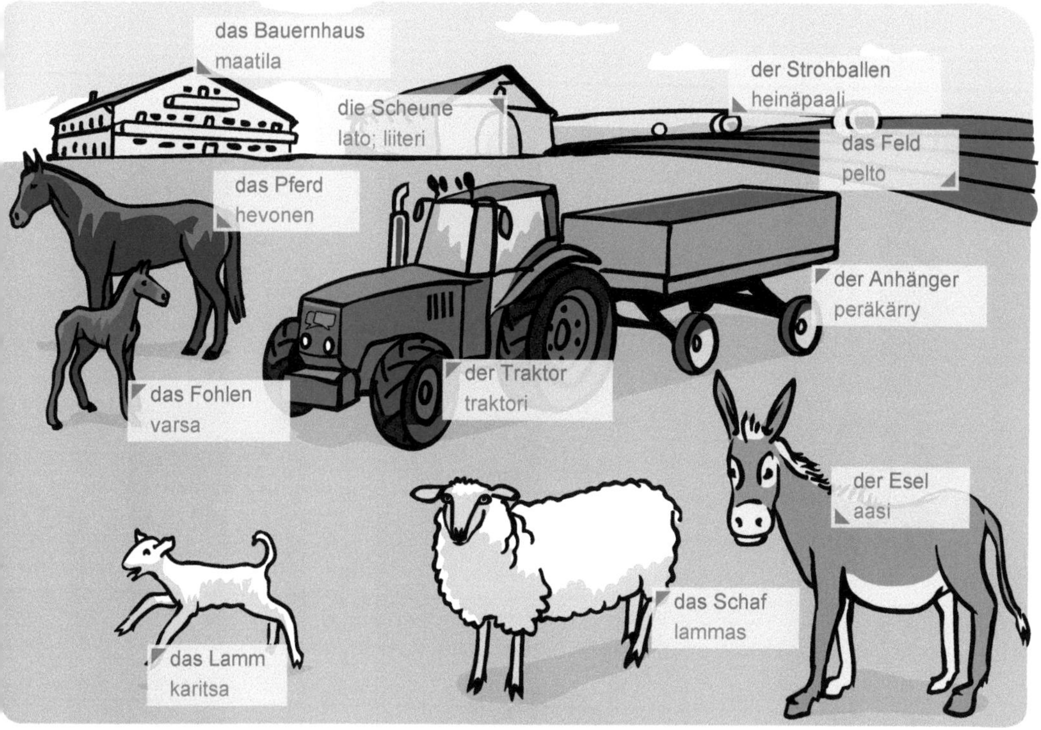
das Bauernhaus
maatila
die Scheune
lato; liiteri
der Strohballen
heinäpaali
das Feld
pelto
das Pferd
hevonen
der Anhänger
peräkärry
der Traktor
traktori
das Fohlen
varsa
der Esel
aasi
das Schaf
lammas
das Lamm
karitsa

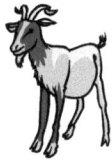

die Ziege

vuohi

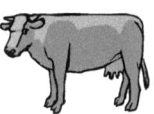

die Kuh

lehmä

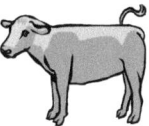

das Kalb

vasikka

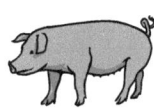

das Schwein

sika

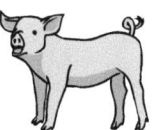

das Ferkel

porsas

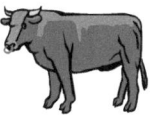

der Stier

sonni

die Gans

hanhi

die Ente

ankka

das Küken

tipu

das Huhn

kana

der Hahn

kukko

die Ratte

rotta

die Katze

kissa

die Maus

hiiri

der Ochse

härkä

der Hund

koira

die Hundehütte

koirankoppi

der Gartenschlauch

puutarhaletku

die Gießkanne

kastelukannu

die Sense

viikate

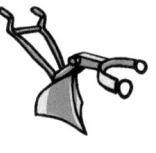

der Pflug

aura

die Sichel

sirppi

die Hacke

kuokka

die Mistgabel

talikko

die Axt

kirves

die Schubkarre

kottikärryt

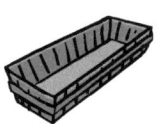

der Trog

kaukalo

die Milchkanne

maitokannu

der Sack

säkki

der Zaun

aita

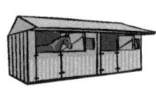

der Stall

talli

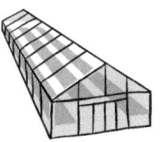

das Treibhaus

kasvihuone

der Boden

maa

die Saat

siemen

der Dünger

lannoite

der Mähdrescher

leikkuupuimuri

ernten

kerätä sato

die Ernte

sato

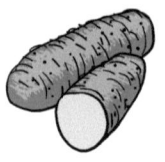

die Yamswurzel

jamssit

der Weizen

vehnä

das Soja

soija

der Erdapfel

peruna

der Mais

maissi

der Raps

rypsi

der Obstbaum

hedelmäpuu

der Maniok

maniokki

das Getreide

vilja

das Haus

talo

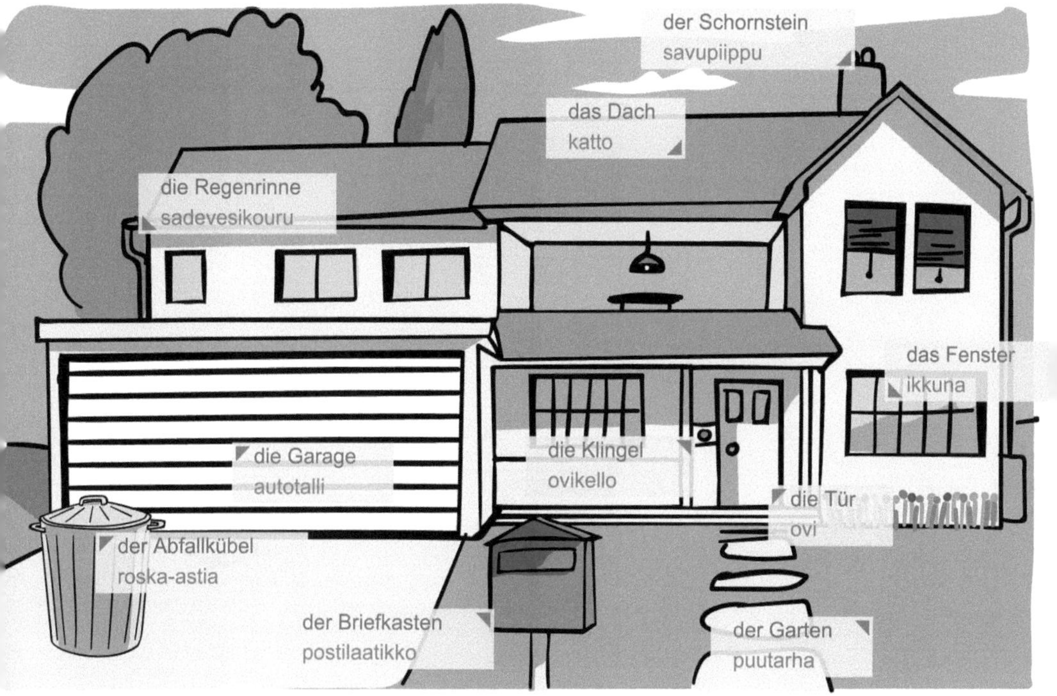
der Schornstein
savupiippu
das Dach
katto
die Regenrinne
sadevesikouru
das Fenster
ikkuna
die Garage
autotalli
die Klingel
ovikello
die Tür
ovi
der Abfallkübel
roska-astia
der Briefkasten
postilaatikko
der Garten
puutarha

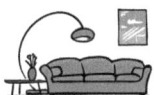

das Wohnzimmer

olohuone

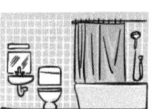

das Badezimmer

kylpyhuone

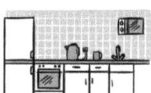

die Küche

keittiö

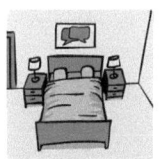

das Schlafzimmer

makuuhuone

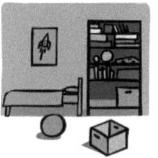

das Kinderzimmer

lastenhuone

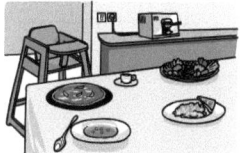

das Esszimmer

ruokahuone

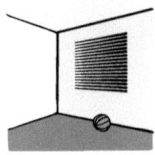

der Boden

lattia

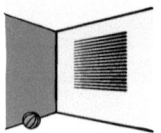

die Wand

seinä

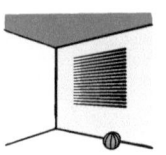

die Decke

katto

der Keller

kellari

die Sauna

sauna

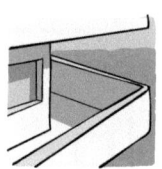

der Balkon

parveke

die Terrasse

terassi

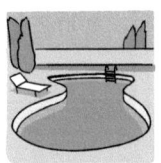

das Schwimmbad

uima-allas

der Rasenmäher

ruohonleikkuri

der Bettbezug

lakana

die Bettdecke

päiväpeitto

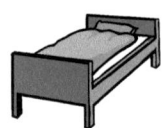

das Bett

sänky

der Besen

harja

der Kübel

ämpäri

der Schalter

katkaisin

das Wohnzimmer
olohuone

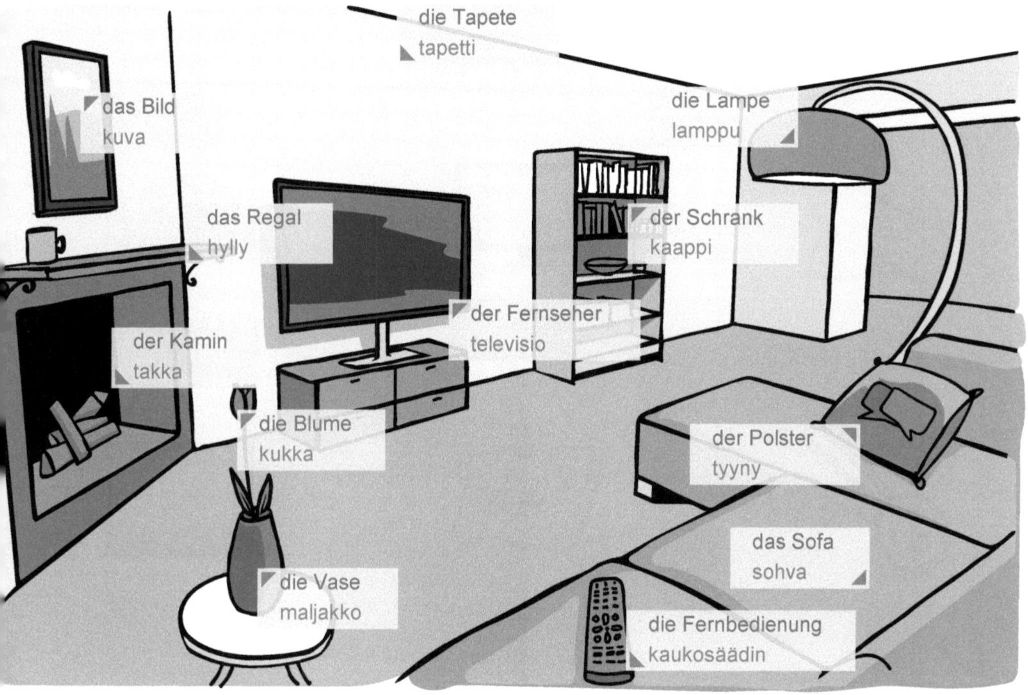

die Tapete
tapetti
das Bild
kuva
die Lampe
lamppu
das Regal
hylly
der Schrank
kaappi
der Fernseher
televisio
der Kamin
takka
die Blume
kukka
der Polster
tyyny
das Sofa
sohva
die Vase
maljakko
die Fernbedienung
kaukosäädin

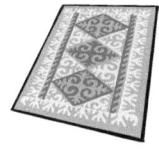

der Teppich

matto

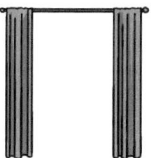

der Vorhang

verho

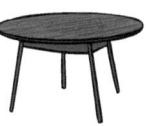

der Tisch

pöytä

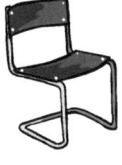

der Sessel

tuoli

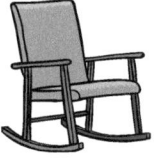

der Schaukelstuhl

keinutuoli

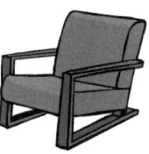

der Sessel

nojatuoli

das Buch

kirja

die Decke

peitto

die Dekoration

koriste

das Feuerholz

polttopuut

der Film

elokuva

die Stereoanlage

stereot

der Schlüssel

avain

die Zeitung

sanomalehti

das Gemälde

maalaus

das Poster

juliste

das Radio

radio

der Notizblock

muistivihko

der Staubsauger

pölynimuri

der Kaktus

kaktus

die Kerze

kynttilä

die Küche
keittiö

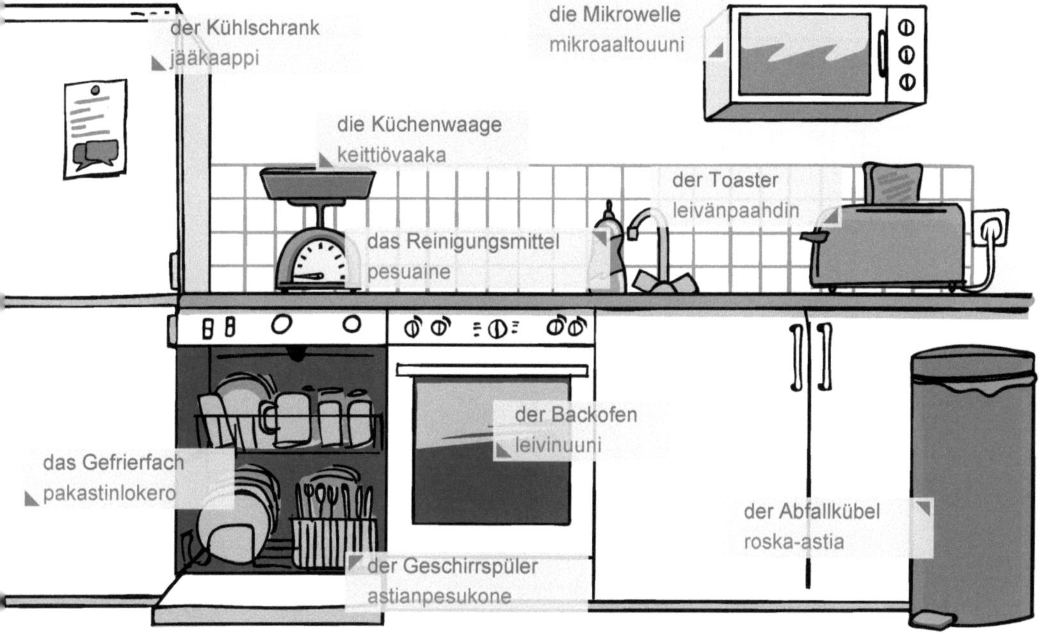
der Kühlschrank
jääkaappi
die Mikrowelle
mikroaaltouuni
die Küchenwaage
keittiövaaka
der Toaster
leivänpaahdin
das Reinigungsmittel
pesuaine
der Backofen
leivinuuni
das Gefrierfach
pakastinlokero
der Abfallkübel
roska-astia
der Geschirrspüler
astianpesukone

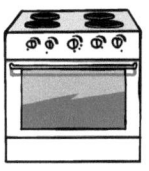

der Herd

liesi

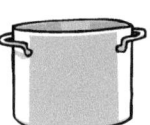

der Topf

kattila

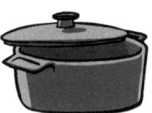

der Eisentopf

rautapata

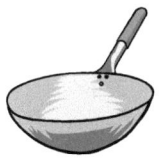

der Wok / Kadai

vokkipannu / kadai-pannu

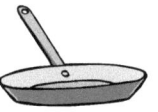

die Pfanne

paistinpannu

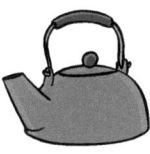

der Wasserkocher

teepannu

der Dampfgarer

höyrykeitin

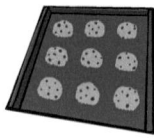

das Backblech

uunipelti

das Geschirr

astiat

der Becher

muki

die Schale

kulho

die Essstäbchen

syömäpuikot

der Schöpflöffel

kauha

der Pfannenwender

paistinlasta

der Schneebesen

vispilä

das Kochsieb

siivilä

das Sieb

siivilä

die Reibe

raastin

der Mörser

mortteli

der Grill

grilli

das Kaminfeuer

avotuli

das Schneidebrett

leikkuulauta

das Nudelholz

kaulin

der Korkenzieher

korkinavaaja

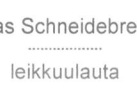

die Dose

purkki

der Dosenöffner

purkinavaaja

der Topflappen

pannulappu

das Waschbecken

lavuaari

die Bürste

tiskiharja

der Schwamm

pesusieni

der Mixer

tehosekoitin

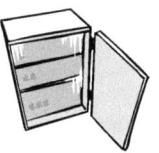

die Gefriertruhe

pakastin

die Babyflasche

tuttipullo

der Wasserhahn

vesihana

das Badezimmer

kylpyhuone

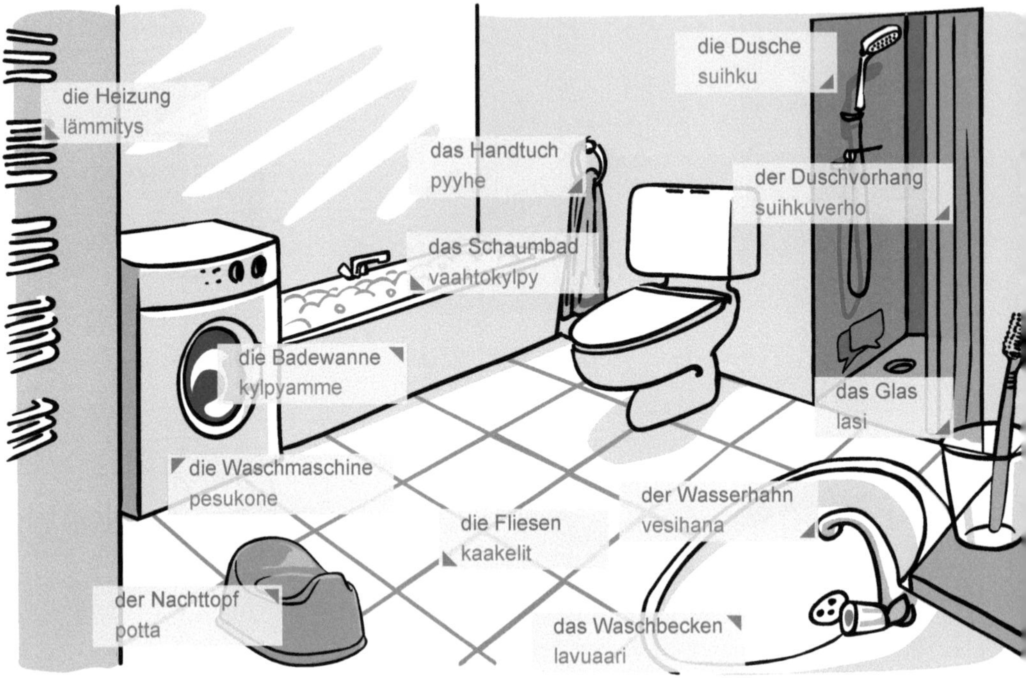

die Dusche
suihku

die Heizung
lämmitys

das Handtuch
pyyhe

der Duschvorhang
suihkuverho

das Schaumbad
vaahtokylpy

die Badewanne
kylpyamme

das Glas
lasi

die Waschmaschine
pesukone

der Wasserhahn
vesihana

die Fliesen
kaakelit

der Nachttopf
potta

das Waschbecken
lavuaari

das Klo

vessa

die Hocktoilette

kyykkyvessa

das Bidet

bidee

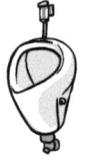

das Pissoir

pisuaari

das Klopapier

vessapaperi

die Klobürste

vessaharja

die Zahnbürste

hammasharja

die Zahnpasta

hammastahna

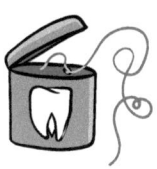

die Zahnseide

hammaslanka

waschen

pestä

die Handbrause

käsisuihku

die Intimdusche

intiimisuihku

die Waschschüssel

pesuvati

die Rückenbürste

selkäharja

die Seife

saippua

das Duschgel

suihkugeeli

das Shampoo

shampoo

der Waschlappen

pesulappu

der Abfluss

viemäri

die Creme

voide

das Deodorant

deodorantti

der Spiegel

peili

der Kosmetikspiegel

käsipeili

der Rasierer

partaveitsi

der Rasierschaum

partavaahto

das Rasierwasser

partavesi

der Kamm

kampa

die Bürste

harja

der Föhn

hiustenkuivaaja

das Haarspray

hiuslakka

das Makeup

meikki

der Lippenstift

huulipuna

der Nagellack

kynsilakka

die Watte

pumpuli

die Nagelschere

kynsisakset

das Parfum

hajuvesi

der Kulturbeutel

kosmetiikkalaukku

der Hocker

jakkara

die Waage

vaaka

der Bademantel

kylpytakki

die Gummihandschuhe

kumihansikkaat

das Tampon

tamponi

die Damenbinde

terveysside

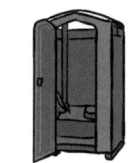

die Chemietoilette

kemiallinen wc

das Kinderzimmer
lastenhuone

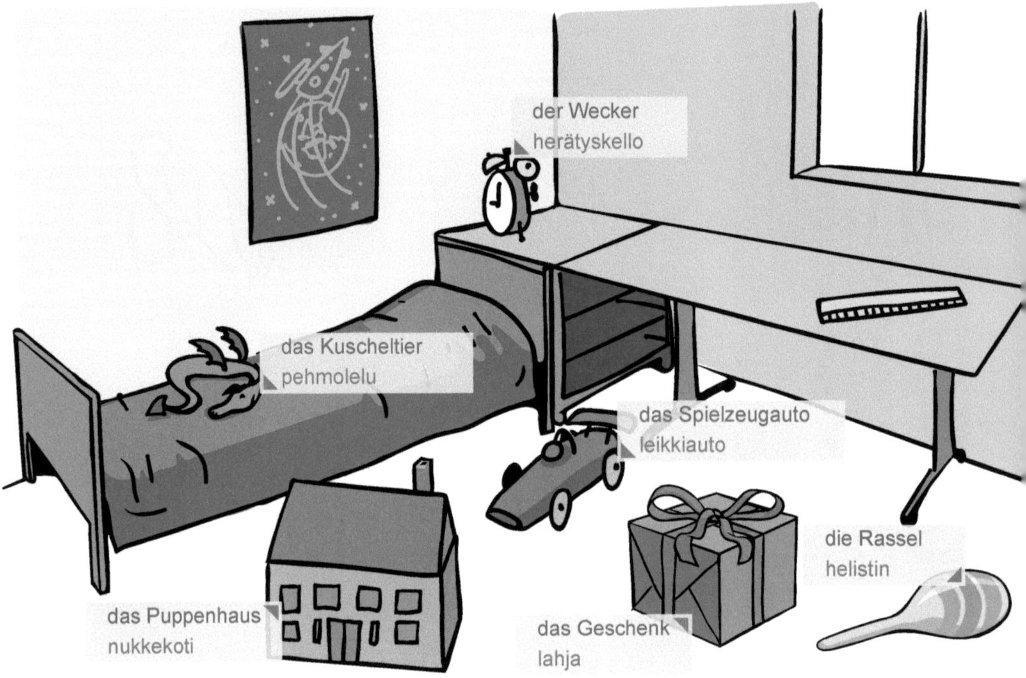

der Wecker
herätyskello

das Kuscheltier
pehmolelu

das Spielzeugauto
leikkiauto

die Rassel
helistin

das Puppenhaus
nukkekoti

das Geschenk
lahja

der Ballon

ilmapallo

das Bett

sänky

der Kinderwagen

lastenvaunut

das Kartenspiel

korttipeli

das Puzzle

palapeli

der Comic

sarjakuva

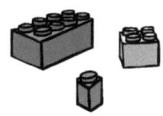

die Legosteine

legopalikat

die Bausteine

rakennuspalikat

die Actionfigur

supersankari

der Strampelanzug

potkupuku

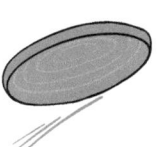

das Frisbee

frisbee

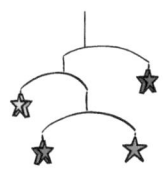

das Mobile

mobile

das Brettspiel

lautapeli

der Würfel

noppa

die Modelleisenbahn

pienoisjunarata

der Schnuller

tutti

die Party

juhlat

das Bilderbuch

kuvakirja

der Ball

pallo

die Puppe

nukke

spielen

leikkiä

das Kinderzimmer - lastenhuone

der Sandkasten

hiekkalaatikko

die Schaukel

keinu

das Spielzeug

lelut

die Spielkonsole

pelikonsoli

das Dreirad

kolmipyörä

der Teddy

nalle

der Kleiderschrank

vaatekaappi

die Kleidung

vaatteet

die Socken

sukat

die Strümpfe

nylonsukat

die Strumpfhose

sukkahousut

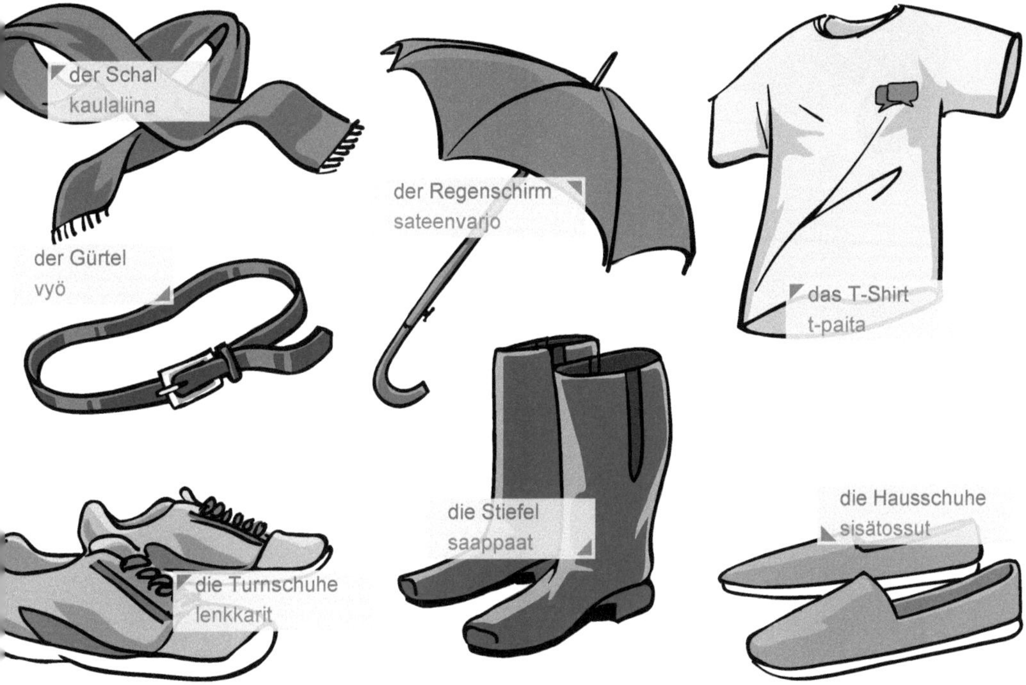

der Schal
kaulaliina

der Regenschirm
sateenvarjo

der Gürtel
vyö

das T-Shirt
t-paita

die Stiefel
saappaat

die Hausschuhe
sisätossut

die Turnschuhe
lenkkarit

die Sandalen

sandaalit

die Schuhe

kengät

die Gummistiefel

kumisaappaat

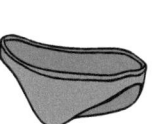

die Unterhose

alushousut

der Büstenhalter

rintaliivit

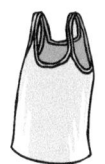

das Unterhemd

aluspaita

der Body

body

die Hose

housut

die Jeans

farkut

der Rock

hame

die Bluse

pusero

das Hemd

paita

der Pullover

villapaita

der Kapuzenpullover

collegepaita

der Blazer

jakku

die Jacke

takki

der Mantel

takki

der Regenmantel

sadetakki

das Kostüm

puku

das Kleid

mekko

das Hochzeitskleid

hääpuku

der Anzug
puku

das Nachthemd
yöpaita

der Pyjama
pyjama

der Sari
shari

das Kopftuch
päähuivi

der Turban
turbaani

die Burka
burka

der Kaftan
kaftaani

die Abaya
abaya

der Badeanzug
uimapuku

die Badehose
uimahousut

die kurze Hose
shortsit

der Jogginganzug
verkkarit

die Schürze
esiliina

die Handschuhe
käsineet

der Knopf

nappi

die Brille

silmälasit

das Armband

rannekoru

die Halskette

kaulakoru

der Ring

sormus

der Ohrring

korvakoru

die Mütze

lippalakki

der Kleiderbügel

ripustin

der Hut

hattu

die Krawatte

solmio

der Reißverschluss

vetoketju

der Helm

kypärä

der Hosenträger

henkselit

die Schuluniform

koulupuku

die Uniform

univormu

das Lätzchen

ruokalappu

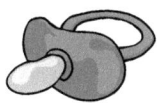

der Schnuller

tutti

die Windel

vaippa

das Büro
toimisto

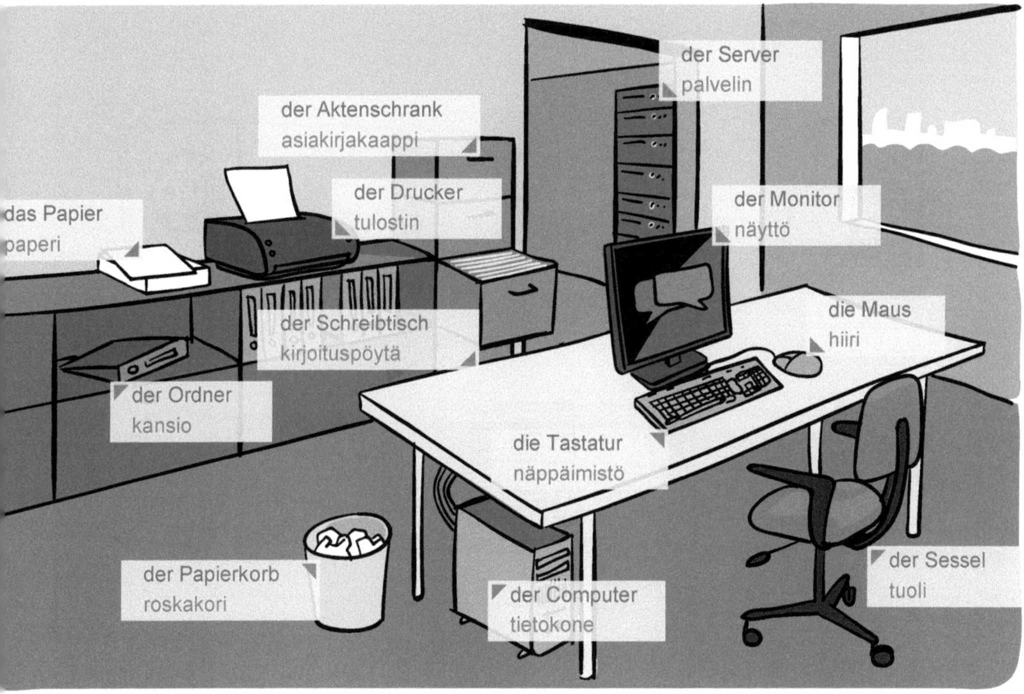

der Server
palvelin

der Aktenschrank
asiakirjakaappi

der Drucker
tulostin

das Papier
paperi

der Monitor
näyttö

der Schreibtisch
kirjoituspöytä

die Maus
hiiri

der Ordner
kansio

die Tastatur
näppäimistö

der Papierkorb
roskakori

der Computer
tietokone

der Sessel
tuoli

der Kaffeebecher

kahvimuki

der Taschenrechner

taskulaskin

das Internet

internet

der Laptop

kannettava tietokone

der Brief

kirje

die Nachricht

viesti

das Handy

kännykkä

das Netzwerk

verkko

der Kopierer

kopiokone

die Software

ohjelmisto

das Telefon

puhelin

die Steckdose

pistorasia

das Fax

faksi

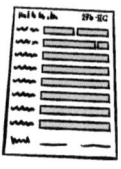

das Formular

lomake

das Dokument

asiakirja

das Büro - toimisto

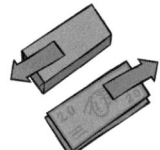

kaufen

ostaa

bezahlen

maksaa

handeln

vaihtaa

das Geld

raha

der Dollar

dollari

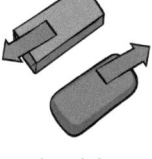

der Euro

euro

der Yen

jeni

der Rubel

rupla

der Franken

frangi

der Renminbi Yuan

renminbi juan

die Rupie

rupia

der Bankomat

pankkiautomaatti

die Wechselstube

rahanvaihto

das Gold

kulta

das Silber

hopea

das Öl

öljy

die Energie

energia

der Preis

hinta

der Vertrag

sopimus

die Steuer

vero

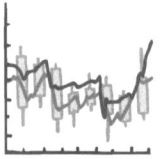

die Aktie

osake

arbeiten

työskennellä

der Angestellte

työntekijä

der Arbeitgeber

työnantaja

die Fabrik

tehdas

das Geschäft

liike

die Berufe

ammatit

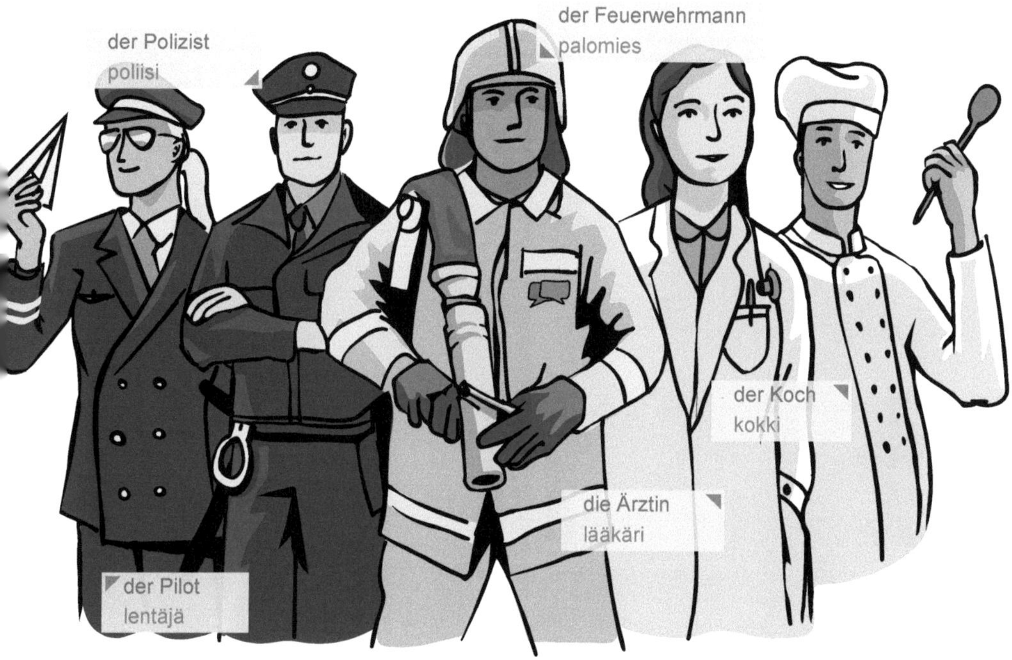

der Polizist
poliisi
der Feuerwehrmann
palomies
der Koch
kokki
die Ärztin
lääkäri
der Pilot
lentäjä

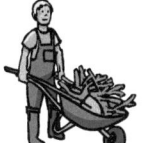

der Gärtner

puutarhuri

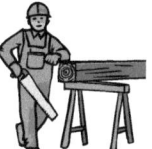

der Tischler

puuseppä

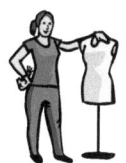

die Schneiderin

ompelija

der Richter

tuomari

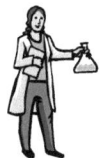

die Chemikerin

kemisti

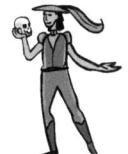

der Schauspieler

näyttelijä

der Busfahrer

linja-autonkuljettaja

der Taxifahrer

taksinkuljettaja

der Fischer

kalastaja

die Putzfrau

siivooja

der Dachdecker

katontekijä

der Kellner

tarjoilija

der Jäger

metsästäjä

der Maler

maalari

der Bäcker

leipuri

der Elektriker

sähköasentaja

der Bauarbeiter

rakentaja

der Ingenieur

insinööri

der Schlachter

teurastaja

der Installateur

putkiasentaja

die Briefträgerin

postinjakaja

der Soldat
sotilas

der Architekt
arkkitehti

die Kassiererin
kassanhoitaja

die Blumenhändlerin
floristi

der Friseur
kampaaja

der Schaffner
konduktööri

der Mechaniker
mekaanikko

der Kapitän
kapteeni

die Zahnärztin
hammaslääkäri

der Wissenschaftler
tiedemies

der Rabbi
rabbi

der Imam
imaami

der Mönch
munkki

der Pfarrer
pappi

die Werkzeuge
työkalut

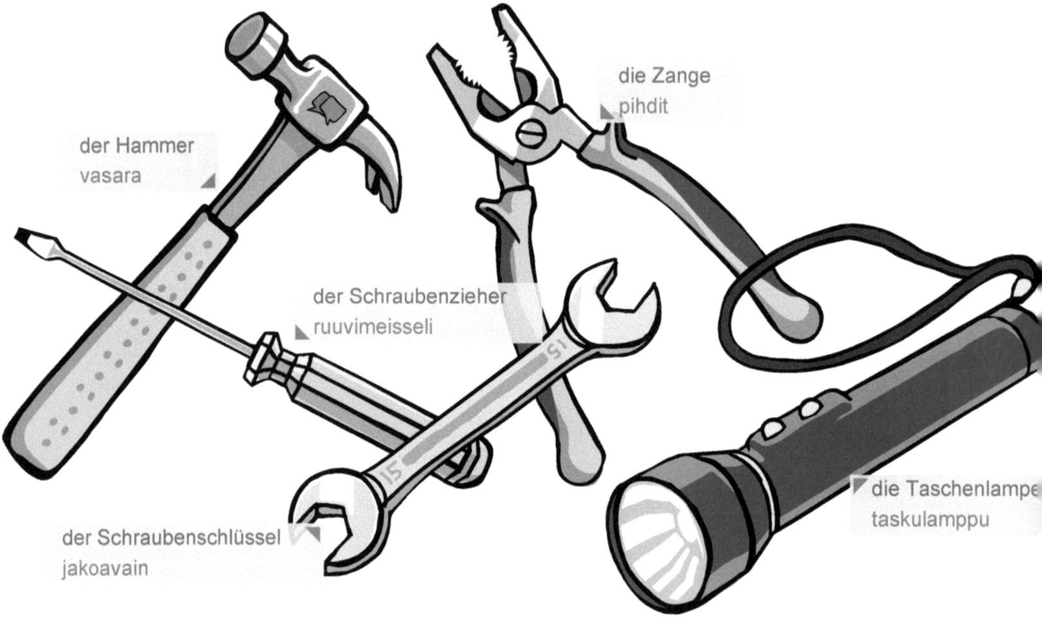
die Zange
pihdit
der Hammer
vasara
der Schraubenzieher
ruuvimeisseli
die Taschenlampe
taskulamppu
der Schraubenschlüssel
jakoavain

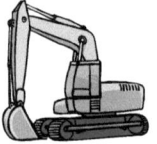

der Bagger

kaivinkone

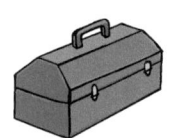

der Werkzeugkasten

työkalupakki

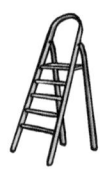

die Leiter

tikkaat

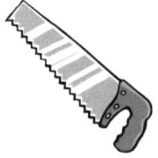

die Säge

saha

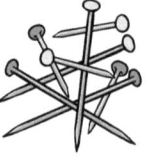

die Nägel

naulat

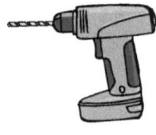

der Bohrer

pora

reparieren

korjata

die Schaufel

lapio

Scheiße!

Hitto!

die Kehrschaufel

rikkalapio

der Farbtopf

maalipurkki

die Schrauben

ruuvit

die Musikinstrumente
soittimet

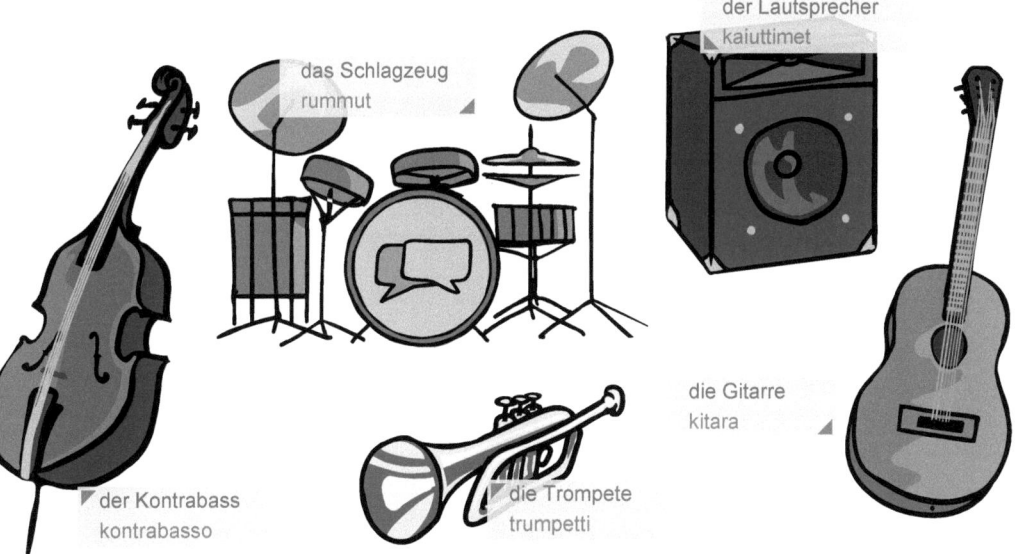

das Schlagzeug
rummut

der Lautsprecher
kaiuttimet

die Gitarre
kitara

der Kontrabass
kontrabasso

die Trompete
trumpetti

das Klavier

piano

die Violine

viulu

der Bass

basso

die Pauke

patarummut

die Trommeln

rumpu

die Tastatur

kosketinsoitin

das Saxophon

saksofoni

die Flöte

huilu

das Mikrofon

mikrofoni

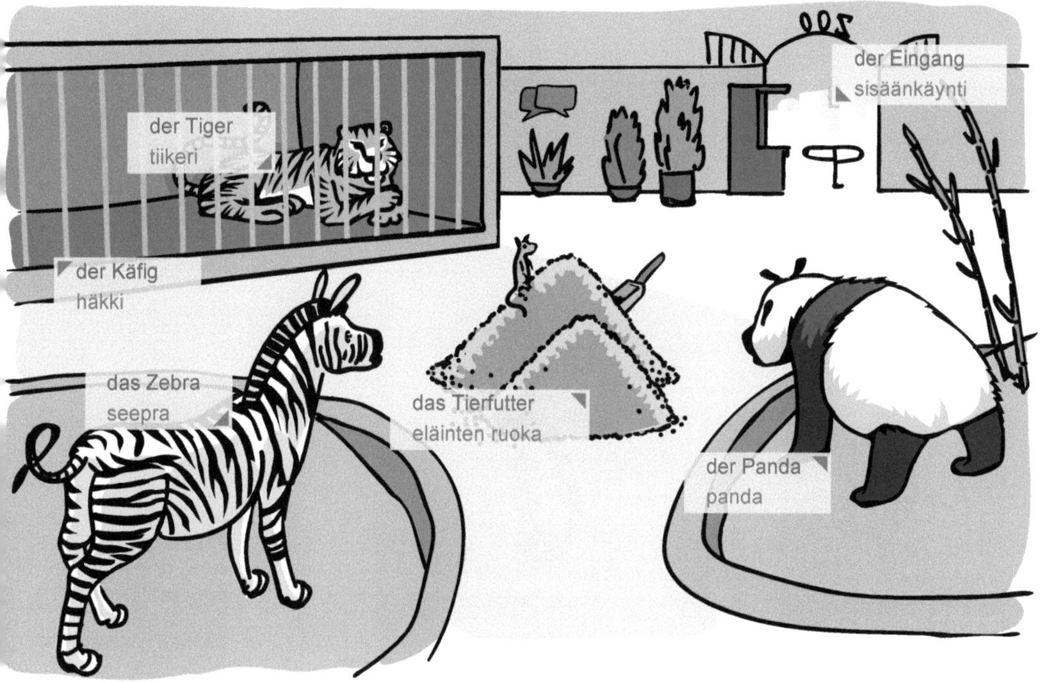

der Eingang
sisäänkäynti

der Tiger
tiikeri

der Käfig
häkki

das Zebra
seepra

das Tierfutter
eläinten ruoka

der Panda
panda

die Tiere
eläimet

der Elefant
norsu

das Känguru
kenguru

das Nashorn
sarvikuono

der Gorilla
gorilla

der Bär
karhu

das Kamel

kameli

der Strauß

strutsi

der Löwe

leijona

der Affe

apina

der Flamingo

flamingo

der Papagei

papukaija

der Eisbär

jääkarhu

der Pinguin

pingviini

der Hai

hai

der Pfau

riikinkukko

die Schlange

käärme

das Krokodil

krokotiili

der Zoowärter

eläintarhanhoitaja

die Robbe

hylje

der Jaguar

jaguaari

der Zoo - eläintarha

das Pony

poni

der Leopard

leopardi

das Nilpferd

virtahepo

die Giraffe

kirahvi

der Adler

kotka

das Wildschwein

villisika

der Fisch

kala

die Schildkröte

kilpikonna

das Walross

mursu

der Fuchs

kettu

die Gazelle

gaselli

das American Football
amerikkalainen jalkapallo

das Radfahren
pyöräily

das Tennis
tennis

der Basketball
koripallo

das Schwimmen
uinti

das Boxen
nyrkkeily

das Eishockey
jääkiekko

der Fußball

jalkapallo

das Badminton

sulkapallo

die Leichtathletik

yleisurheilu

der Handball

käsipallo

das Skifahren

hiihto

das Polo

poolo

die Aktivitäten
aktiviteetit

springen
hypätä
lachen
nauraa
umarmen
halata
gehen
kävellä
singen
laulaa
träumen
unelmoida
beten
rukoilla
küssen
suudella

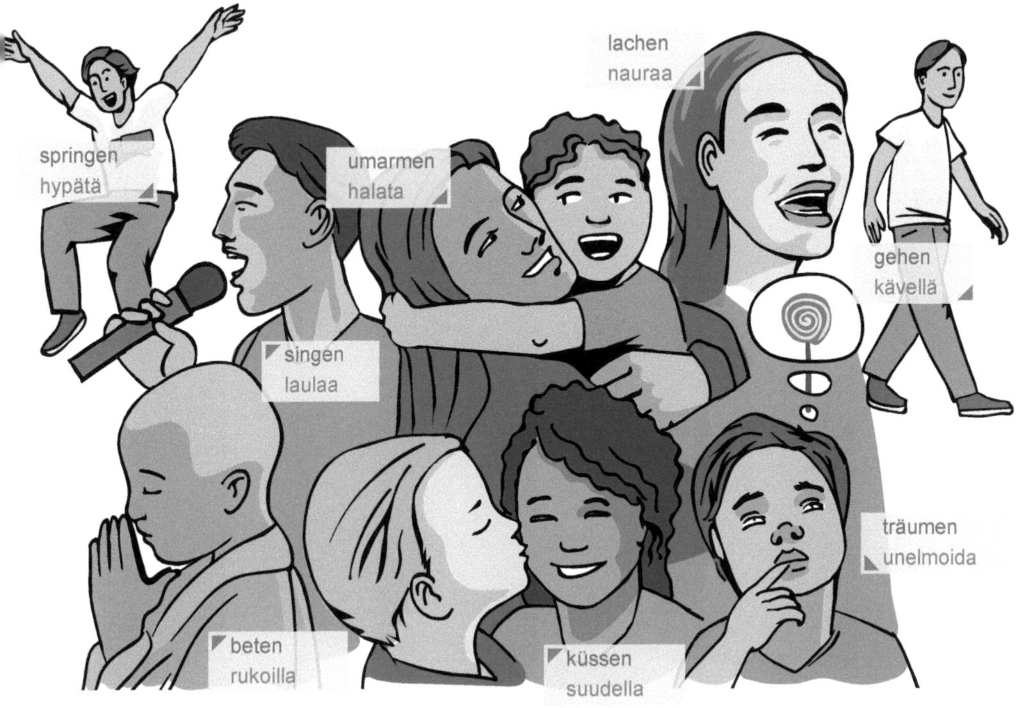

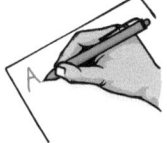

schreiben
kirjoittaa

zeichnen
piirtää

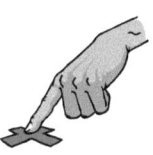

zeigen
näyttää

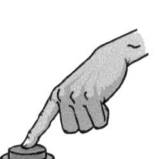

drücken
painaa

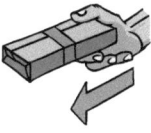

geben
antaa

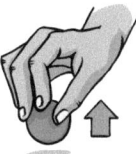

nehmen
ottaa

haben

omistaa

machen

tehdä

sein

olla

stehen

seisoa

laufen

juosta

ziehen

vetää

werfen

heittää

fallen

kaatua

liegen

maata

warten

odottaa

tragen

kantaa

sitzen

istua

anziehen

pukeutua

schlafen

nukkua

aufwachen

herätä

ansehen
katsoa

weinen
itkeä

streicheln
silittää

frisieren
kammata

reden
puhua

verstehen
ymmärtää

fragen
kysyä

hören
kuunnella

trinken
juoda

essen
syödä

zusammenräumen
siivota

lieben
rakastaa

kochen
keittää

fahren
ajaa

fliegen
lentää

segeln
purjehtia

rechnen
laskea

lesen
lukea

lernen
oppia

arbeiten
työskennellä

heiraten
mennä naimisiin

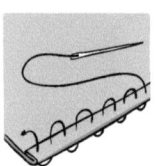

nähen
ommella

Zähne putzen
pestä hampaat

töten
tappaa

rauchen
tupakoida

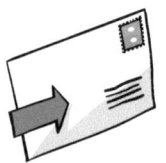

senden
lähettää

die Familie
perhe

die Großmutter
mummo

der Großvater
ukki

der Vater
isä

die Mutter
äiti

das Baby
vauva

die Tochter
tytär

der Sohn
poika

der Gast

vieras

die Tante

täti

der Onkel

setä

der Bruder

veli

die Schwester

sisko

der Körper

vartalo

die Stirn
otsa
das Auge
silmä
die Schulter
olkapää
der Finger
sormet
das Gesicht
kasvot
das Kinn
leuka
die Hand
käsi
das Bein
jalka
die Brust
rinta
der Arm
käsivarsi

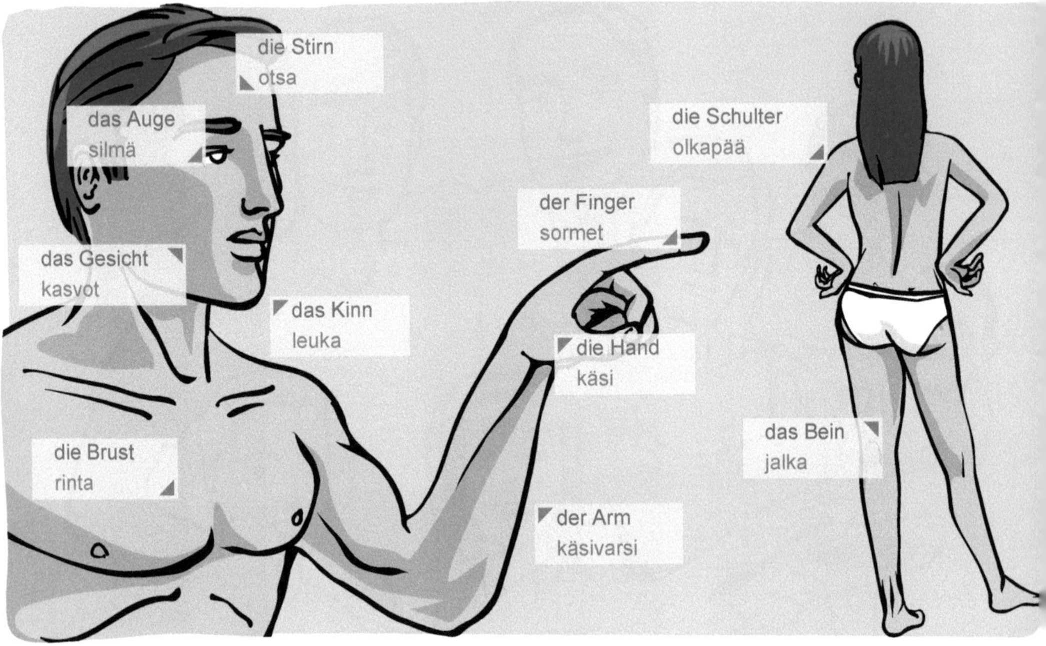

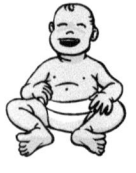

das Baby

vauva

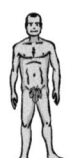

der Mann

mies

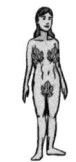

die Frau

nainen

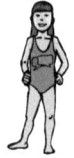

das Mädchen

tyttö

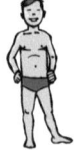

der Junge

poika

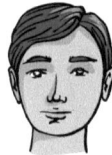

der Kopf

pää

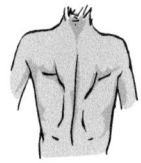

der Rücken

selkä

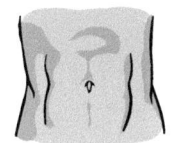

der Bauch

maha

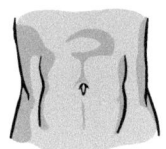

der Nabel

napa

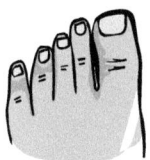

der Zeh

varvas

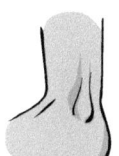

die Ferse

kantapää

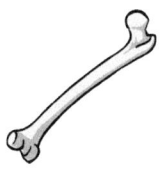

der Knochen

luu

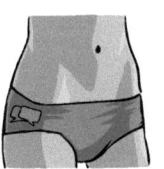

die Hüfte

lantio

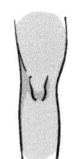

das Knie

polvi

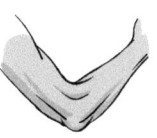

der Ellbogen

kyynärpää

die Nase

nenä

das Gesäß

takapuoli

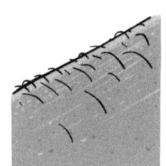

die Haut

iho

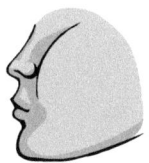

die Wange

poski

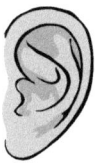

das Ohr

korva

die Lippe

huuli

der Mund

suu

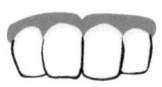

der Zahn

hammas

die Zunge

kieli

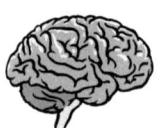

das Gehirn

aivot

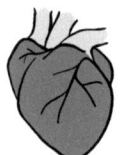

das Herz

sydän

der Muskel

lihas

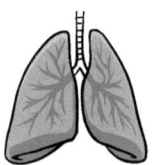

die Lunge

keuhkot

die Leber

maksa

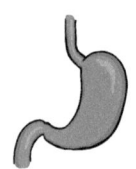

der Magen

vatsa

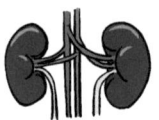

die Nieren

munuaiset

der Geschlechtsverkehr

seksi

das Kondom

kondomi

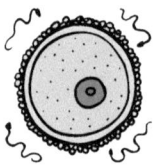

die Eizelle

munasolu

das Sperma

sperma

die Schwangerschaft

raskaus

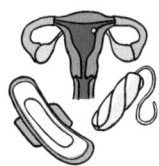

die Menstruation

kuukautiset

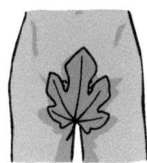

die Vagina

vagina

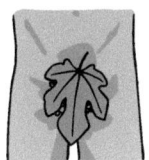

der Penis

penis

die Augenbraue

kulmakarvat

das Haar

hiukset

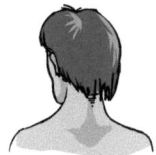

der Hals

niska

das Spital
sairaala

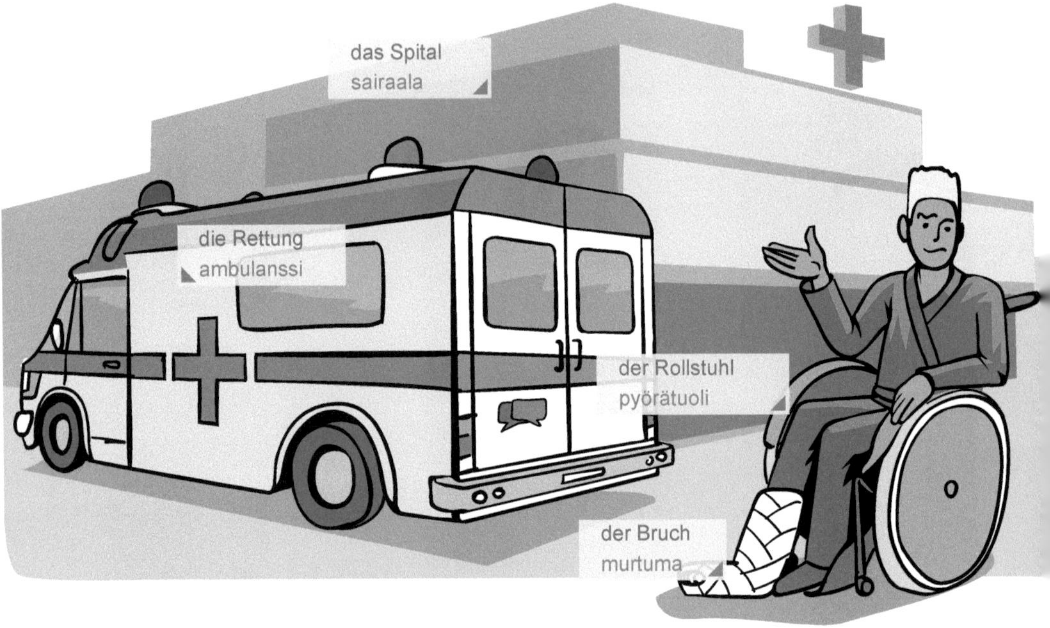

das Spital
sairaala
die Rettung
ambulanssi
der Rollstuhl
pyörätuoli
der Bruch
murtuma

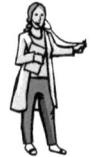

die Ärztin
lääkäri

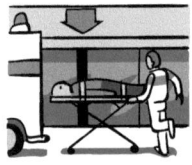

die Notaufnahme
ensiapu

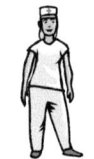

die Krankenschwester
sairaanhoitaja

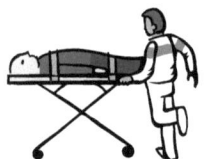

der Notfall
hätätilanne

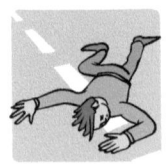

ohnmächtig
tajuton

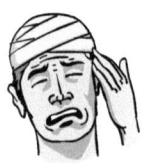

der Schmerz
kipu

die Verletzung

vamma

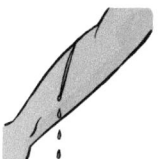

die Blutung

verenvuoto

der Herzinfarkt

sydänkohtaus

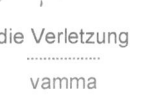

der Schlaganfall

aivoinfarkti

die Allergie

allergia

der Husten

yskä

das Fieber

kuume

die Grippe

flunssa

der Durchfall

ripuli

die Kopfschmerzen

päänsärky

der Krebs

syöpä

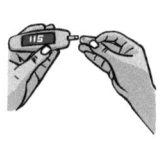

die Diabetes

diabetes

der Chirurg

kirurgi

das Skalpell

veitsi

die Operation

leikkaus

das CT

ct

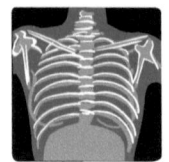

das Röntgen

röntgen

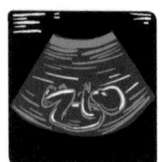

der Ultraschall

ultraääni

die Maske

maski

die Krankheit

sairaus

das Wartezimmer

odotushuone

die Krücke

sauva

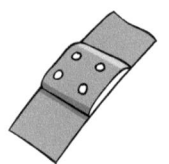

das Pflaster

laastari

der Verband

side

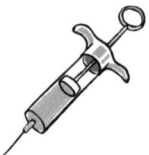

die Injektion

pistos

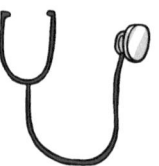

das Stethoskop

stetoskooppi

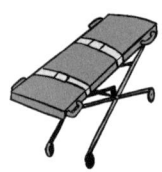

die Trage

paarit

das Thermometer

kuumemittari

die Geburt

syntymä

das Übergewicht

ylipaino

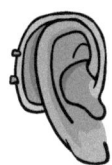

das Hörgerät

kuulolaite

das Desinfektionsmittel

desinfiointiaine

die Infektion

infektio

das Virus

virus

das HIV / AIDS

HIV / AIDS

die Medizin

lääke

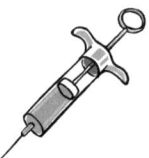

die Impfung

rokotus

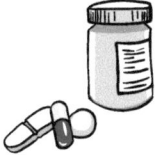

die Tabletten

tabletit

die Pille

pilleri

der Notruf

hätäpuhelu

der Blutdruckmesser

verenpainemittari

krank / gesund

sairas / terve

Hilfe!

Apua!

der Alarm

hälytys

der Überfall

ryöstö

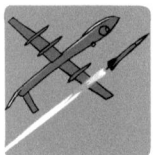

der Angriff

hyökkäys

die Gefahr

vaara

der Notausgang

hätäuloskäynti

Feuer!

Tulipalo!

der Feuerlöscher

palosammutin

der Unfall

onnettomuus

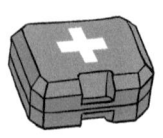

der Erste-Hilfe-Koffer

ensiapulaukku

SOS

SOS

die Polizei

poliisilaitos

das Europa

Eurooppa

das Nordamerika

Pohjois-Amerikka

das Südamerika

Etelä-Amerikka

das Afrika

Afrikka

das Asien

Aasia

das Australien

Australia

der Atlantik

Atlantin valtameri

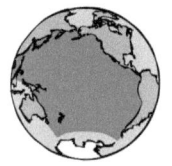

der Pazifik

Tyynimeri

der Indische Ozean

Intian valtameri

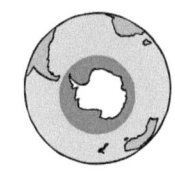

der Antarktische Ozean

Eteläinen jäämeri

der Arktische Ozean

Pohjoinen jäämeri

der Nordpol

pohjoisnapa

der Südpol

etelänapa

die Antarktis

Antarktis

die Erde

maa

das Land

maa

das Meer

meri

die Insel

saari

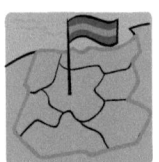

die Nation

kansa

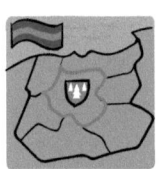

der Staat

osavaltio

das Ziffernblatt
kellotaulu

der Stundenzeiger
tuntiviisari

der Minutenzeiger
minuuttiviisari

der Sekundenzeiger
sekuntiviisari

Wie spät ist es?
Paljonko kello on?

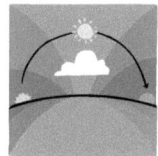

der Tag
päivä

die Zeit
aika

jetzt
nyt

die Digitaluhr
digitaalikello

die Minute
minuutti

die Stunde
tunti

die Woche
viikko

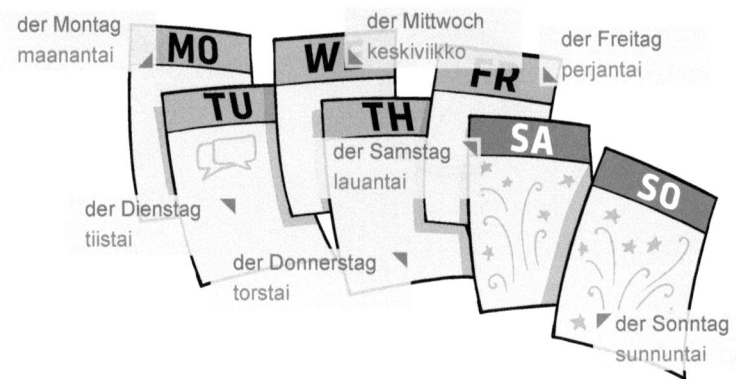

der Montag
maanantai

der Mittwoch
keskiviikko

der Freitag
perjantai

der Dienstag
tiistai

der Samstag
lauantai

der Donnerstag
torstai

der Sonntag
sunnuntai

gestern

eilen

heute

tänään

morgen

huomenna

der Morgen

aamu

der Mittag

keskipäivä

der Abend

ilta

die Arbeitstage

työpäivät

das Wochenende

viikonloppu

das Jahr
vuosi

der Regenbogen
sateenkaari
der Regen
sade
der Schnee
lumi
der Wind
tuuli
der Frühling
kevät
der Herbst
syksy
der Sommer
kesä
der Winter
talvi

4.APRIL 11°
5.APRIL 4°
6.APRIL 13°
7.APRIL 8°
8.APRIL 10°

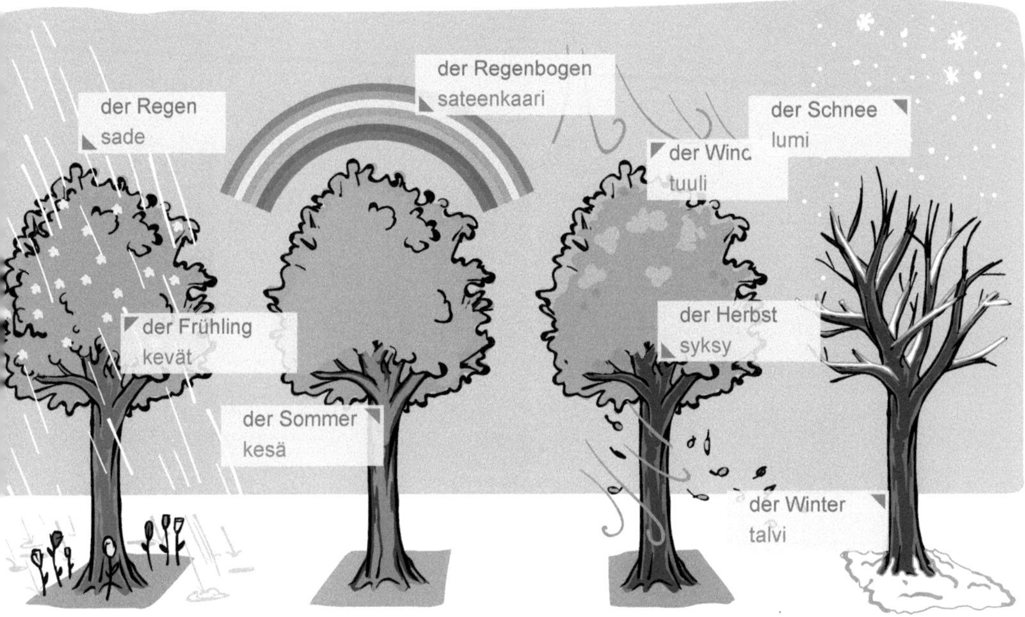

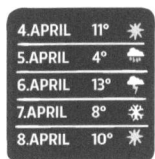

die Wettervorhersage

sääennuste

F C
120 40
90 30
60 20
30 10
0 0
-30 -10
-20

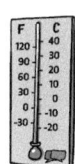

das Thermometer

lämpömittari

der Sonnenschein

auringonpaiste

die Wolke

pilvi

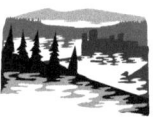

der Nebel

sumu

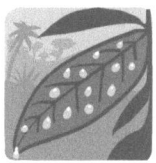

die Luftfeuchtigkeit

ilmankosteus

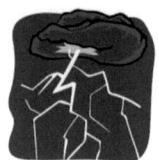

der Blitz

salama

der Donner

ukkonen

der Sturm

myrsky

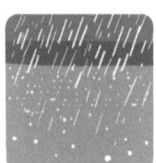

der Hagel

rae

der Monsun

monsuuni

die Flut

tulva

das Eis

jää

der Jänner

tammikuu

der Februar

helmikuu

der März

maaliskuu

der April

huhtikuu

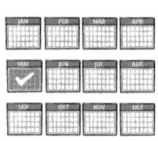

der Mai

toukokuu

der Juni

kesäkuu

der Juli

heinäkuu

der August

elokuu

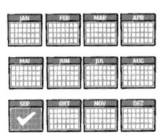

der September
....
syyskuu

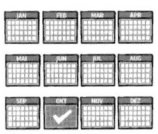

der Oktober
....
lokakuu

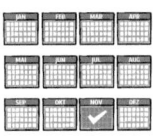

der November
....
marraskuu

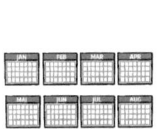

der Dezember
....
joulukuu

die Formen

muodot

der Kreis
....
ympyrä

das Quadrat
....
neliö

das Rechteck
....
suorakulmio

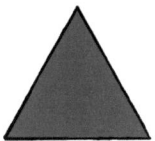

das Dreieck
....
kolmio

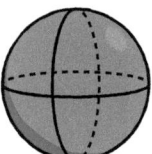

die Kugel
....
pallo

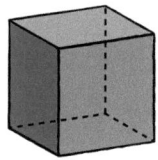

der Würfel
....
kuutio

weiß
....
valkoinen

gelb
....
keltainen

orange
....
oranssi

pink
....
vaaleanpunainen

rot
....
punainen

lila
....
violetti

blau
....
sininen

grün
....
vihreä

braun
....
ruskea

grau
....
harmaa

schwarz
....
musta

viel / wenig

paljon / vähän

wütend / friedlich

vihainen / ystävällinen

hübsch / hässlich

kaunis / ruma

der Anfang / das Ende

alku / loppu

groß / klein

suuri / pieni

hell / dunkel

vaalea / tumma

der Bruder / die Schwester

veli / sisko

sauber / schmutzig

puhdas / likainen

vollständig / unvollständig

täydellinen / epätäydellinen

der Tag / die Nacht

päivä / yö

tot / lebendig

kuollut / elävä

breit / schmal

leveä / kapea

genießbar / ungenießbar

syötävä / syömäkelvoton

böse / freundlich

paha / kiltti

aufgeregt / gelangweilt

innostunut / tylsistynyt

dick / dünn

lihava / laiha

zuerst / zuletzt

ensimmäinen / viimeinen

der Freund / der Feind

ystävä / vihollinen

voll / leer

täysi / tyhjä

hart / weich

kova / pehmeä

schwer / leicht

painava / kevyt

der Hunger / der Durst

nälkä / jano

krank / gesund

sairas / terve

illegal / legal

laiton / laillinen

gescheit / dumm

älykäs / tyhmä

links / rechts

vasen / oikea

nah / fern

lähellä / kaukana

neu / gebraucht

uusi / käytetty

nichts / etwas

ei mitään / jotain

alt / jung

vanha / nuori

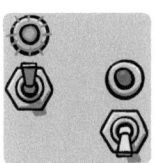

an / aus

päällä / pois päältä

offen / geschlossen

auki / kiinni

leise / laut

hiljainen / äänekäs

reich / arm

rikas / köyhä

richtig / falsch

oikein / väärin

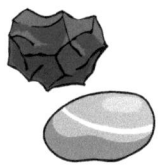

rau / glatt

karhea / sileä

traurig / glücklich

surullinen / iloinen

kurz / lang

lyhyt / pitkä

langsam / schnell

hidas / nopea

nass / trocken

märkä / kuiva

warm / kühl

lämmin / viileä

der Krieg / der Frieden

sota / rauha

0	**1**	**2**
null	eins	zwei
nolla	yksi	kaksi
3	**4**	**5**
drei	vier	fünf
kolme	neljä	viisi
6	**7**	**8**
sechs	sieben	acht
kuusi	seitsemän	kahdeksan
9	**10**	**11**
neun	zehn	elf
yhdeksän	kymmenen	yksitoista

12	**13**	**14**
zwölf	dreizehn	vierzehn
kaksitoista	kolmetoista	neljätoista

15	**16**	**17**
fünfzehn	sechzehn	siebzehn
viisitoista	kuusitoista	seitsemäntoista

18	**19**	**20**
achtzehn	neunzehn	zwanzig
kahdeksantoista	yhdeksäntoista	kaksikymmentä

100	**1.000**	**1.000.000**
hundert	tausend	Million
sata	tuhat	miljoona

Englisch

englanti

Amerikanisches Englisch

amerikanenglanti

Chinesisch (Mandarin)

mandariinikiina

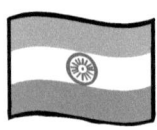

Hindi

hindi

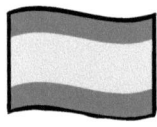

Spanisch

espanja

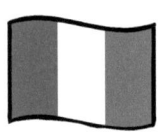

Französisch

ranska

Arabisch

arabia

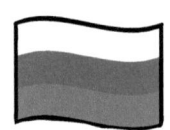

Russisch

venäjä

Portugiesisch

portugali

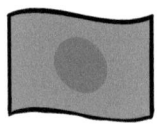

Bengalisch

bengali

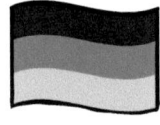

Deutsch

saksa

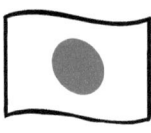

Japanisch

japani

ich

minä

du

sinä

er / sie / es

hän

wir

me

ihr

te

sie

he

Wer?

kuka?

Was?

mitä / mikä?

Wie?

miten?

Wo?

missä?

Wann?

milloin?

Name

nimi

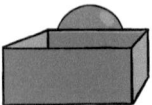

hinter

takana

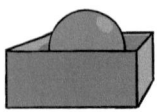

in

sisällä

vor

edessä

über

yläpuolella

auf

päällä

unter

alapuolella

neben

vieressä

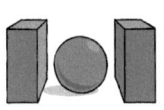

zwischen

välissä

der Ort

paikka